3 1994 01405 2572

5/10

SANTA ANA PUBLIC LIBRARY
NEWHOPE BRANCH

D0604320

MICHELLE

OBAMA

Primera dama
y "primera mamá"

Título original: *Michelle Obama: Mom-in-Chief*
© Del texto: 2009 Grosset & Dunlap
© De las ilustraciones: 2009 Ken Call
Todos los derechos reservados.
Publicado en español con la autorización de Grosset & Dunlap,
una división de Penguin Young Readers Group

© De esta edición:
2010, Santillana USA Publishing Company, Inc.
2023 NW 84th Avenue
Doral, FL 33122, USA
www.santillanausa.com

Créditos fotográficos: portada: © Bill Greenblatt/Polaris, © Frederic Cirou/Getty Images (fondo);
portadilla: © AFP/Getty Images; págs. 4-5: © Associated Press; pág. 8: © Polaris;
pág. 16: © Associated Press; pág. 17: © Associated Press; pág. 21: © Natalia Bratslavsky/iStockphoto;
pág. 22: © Polaris; pág. 23: © Denis Jr. Tangney/iStockphoto; pág. 26: © Susan Lapides/Polaris;
pág. 27: © Associated Press; págs. 28-29: © Polaris; pág. 30: © Polaris;
pág. 31: © Polaris; pág. 32: © Getty Images; pág. 33: © Associated Press; pág. 35: © Associated Press;
pág. 36: © Associated Press; pág. 37: © Associated Press; pág. 39: © Associated Press;
pág. 40: © Associated Press; pág. 41: © Getty Images; pág. 43: © Associated Press;
pág. 44: © Cristina Ciochina/iStockphoto; pág. 48: © Getty Images

Altea es un sello editorial del **Grupo Santillana**. Éstas son sus sedes:

ARGENTINA, BOLIVIA, CHILE, COLOMBIA, COSTA RICA, ECUADOR, EL SALVADOR,
ESPAÑA, ESTADOS UNIDOS, GUATEMALA, MÉXICO, PANAMÁ, PARAGUAY, PERÚ,
PUERTO RICO, REPÚBLICA DOMINICANA, URUGUAY Y VENEZUELA.

Michelle Obama: Primera dama y "primera mamá"
ISBN: 978-1-60396-946-8

Todos los derechos reservados. Esta publicación no puede ser reproducida, ni en todo ni en
parte, ni registrada en o transmitida por un sistema de recuperación de información, en ninguna forma ni por ningún medio, sea mecánico, fotoquímico, electrónico, magnético, electroóp-
tico, por fotocopia o cualquier otro, sin el permiso previo, por escrito, de la editorial.

Published in the United States of America
Printed by HCI Printing & Publishing, Inc.

15 14 13 12 11 10   1 2 3 4 5 6 7 8 9 10

MICHELLE OBAMA

Primera dama
y "primera mamá"

J SP B OBAMA, M. EDW
Edwards, Roberta
Michelle Obama, primera
    dama y "primera mama"

NEW HOPE $10.99
          31994014052572

Roberta Edwards

Ilustraciones de Ken Call

Altea

El 20 de enero de 2009, Barack Obama pasó a la historia. Se convirtió en el primer presidente afroamericano de Estados Unidos.

Ese mismo día de invierno, su esposa,
Michelle Obama, también pasó a la historia.
Es la primera mujer de raza negra que ha
llegado a ser primera dama de nuestro país.

Al igual que su esposo, Michelle es inteligente y guapa… ¡y muy alta! (Mide casi 6 pies.) Al igual que Barack, se graduó en la Escuela de Derecho de Harvard.

Ambos dicen que sus hijas, Malia y Sasha, son "la luz" de su vida. A ambos les encanta pasar tiempo con la familia y los viejos amigos.

Sin embargo, en la mayor parte de las cosas son muy diferentes. A Barack le gusta quedarse levantado hasta tarde. A Michelle le encanta madrugar. A veces, cuando amanece, ya está en el gimnasio.

Barack es un soñador. Ya desde que estaba en Kindergarten, decía que quería ser presidente algún día. Michelle es práctica y tiene los pies bien puestos sobre la tierra. (Barack la llama su "roca".) Michelle nunca quiso meterse en política. Ni siquiera soñó jamás con ser primera dama.

La infancia de ambos fue muy diferente. Barack nació en Hawai y de pequeño vivió varios años en Indonesia. Michelle, que nació el 17 de enero de 1964, creció en Chicago, Illinois. Nunca vivió en otro lugar, hasta que entró a la universidad. A diferencia de los padres de Barack, que se separaron cuando él apenas tenía 2 años de edad, los padres de Michelle tuvieron un matrimonio sólido y prolongado.

A Michelle le enseñaron a defenderse sola. Desde muy pequeña, siempre sabía lo que quería. Nadie podía obligar a la pequeña Michelle Robinson a hacer algo que ella no quisiera.

Cuando ella y su hermano mayor, Craig, jugaban "a la oficina", él hacía de jefe, y Michelle hacía de secretaria. ¡Pero ella nunca lo dejaba hacer nada!

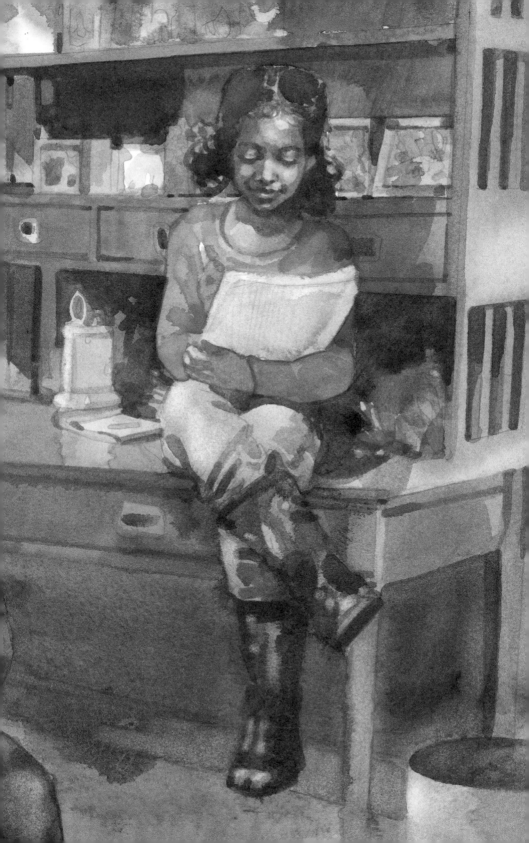

La familia Robinson era muy cariñosa y unida.

Marian, la madre de Michelle, no salió a trabajar por quedarse a cuidar a los dos niños mientras eran pequeños. Fraser, el padre de Michelle, trabajaba para el departamento de agua de la ciudad.

Siendo muy joven, Fraser contrajo una enfermedad llamada esclerosis múltiple, que va paralizando a la persona poco a poco. Con el tiempo, tuvo que usar dos bastones. Sin embargo, Fraser nunca perdió su sentido del humor ni su gran energía. Era el héroe de Michelle, alguien a quien ella jamás quería decepcionar.

Los Robinson no eran pobres, pero tampoco tenían mucho dinero. Lo que más les gustaba era pasar tiempo juntos. Los sábados por la noche, se divertían jugando al Monopolio o las damas chinas. Muchos tíos, tías y primos iban a visitarlos.

En muchos sentidos, los Robinson eran como esas familias felices que se veían en *The Dick Van Dyke Show* y *The Brady Bunch*, dos programas de televisión que Michelle todavía ve y disfruta hoy en día.

Sin embargo, ninguna de las familias que salían en la televisión de los años 60 era de raza negra.

Los Robinson vivían en un *bungalow* de ladrillo, en el *South Side*, un vecindario donde sólo vivía gente negra.

En aquella época, los barrios de Chicago eran para blancos o para negros. Muy pocas personas blancas elegían vivir en los vecindarios negros. En las zonas blancas, era poco probable que alguien le vendiera una casa a una familia negra.

El South Side *de Chicago*

El presidente Lyndon Johnson firma la Ley de Derechos Civiles

En 1964, el mismo año en que nació Michelle, se aprobó la Ley de Derechos Civiles. En adelante, era ilegal negarles a las personas negras las mismas oportunidades que tenían los blancos para conseguir buenas casas, buenos trabajos y buenas escuelas.

Los padres de Michelle no querían que las escuelas de Craig y Michelle fueran simplemente *buenas*. Sólo querían las *mejores*. Michelle, que era inteligente y dedicada, fue aceptada en la escuela secundaria especializada Whitney M. Young. Como toda escuela especializada (*magnet*), ésta reunía a los mejores estudiantes, blancos y negros, de todo Chicago. Estaba bastante alejada de la casa, pero el largo viaje valía la pena.

Michelle, que era amable y querida, estaba en la *National Honor Society*, y era la tesorera de su clase en el último año de bachillerato. No le importaba tener que trabajar mucho. Lo que sí le molestaba era que su hermano, Craig, por el contrario, no tuviera que esforzarse en absoluto. Él podía pasarse horas viendo televisión o jugando al baloncesto, y aun así sacaba muy buenas notas en todos sus exámenes. ¡Eso a ella no le parecía justo!

Cuando llegó la hora de elegir una universidad, los padres de Michelle la animaron a presentarse a la Universidad de Princeton, en Nueva Jersey. Craig ya estaba estudiando allí. "¡Yo soy más inteligente que él!", pensó Michelle. "Si él pudo entrar, yo puedo entrar".

Michelle tenía razón. La Universidad de Princeton la aceptó, y ella decidió estudiar allí.

Princeton era otro mundo para Michelle. En 1981, en su primer año, había más de 1,100 estudiantes en su promoción. Sólo 94 eran afroamericanos.

La compañera de habitación de Michelle era una chica del Sur. Era blanca. Aparentemente, ella y Michelle se llevaban bien. Sin embargo, a los pocos meses, la muchacha se mudó a otra habitación.

La Universidad de Princeton

La mayoría de los amigos de Michelle eran afroamericanos como ella. En un ensayo que escribió en su último año, Michelle dijo que en Princeton se volvió mucho más consciente de ser negra. "Con frecuencia me siento como un visitante, como si realmente estuviera fuera de lugar", escribió.

Michelle Robinson, graduada en Princeton

La Universidad de Harvard

De Princeton, Michelle fue a la Escuela de Derecho de Harvard. Se graduó al cabo de tres años. Ahora tenía títulos de dos de las mejores universidades del país.

Michelle regresó a Chicago. Una famosa compañía de abogados la contrató. Michelle estaba ganando mucho dinero. Sin embargo, el éxito no la hacía feliz.

A diario, en su vecindario, Michelle veía cómo la gente tenía que luchar para sobrevivir. Quería hacer algo para ayudarlos.

Fue por esta época cuando conoció a Barack Obama. Él tenía un trabajo por el verano en la misma compañía. Al comienzo, fueron sólo amigos. Michelle incluso trató de conseguirle a Barack una novia entre sus amigas.

Michelle y Barack Obama el día de su boda, en 1992

Al final del verano, sin embargo, se habían enamorado. Se casaron en 1992.

Michelle admiraba a Barack porque él deseaba ayudar a los necesitados. Después de graduarse en la escuela de derecho, comenzó a trabajar en Chicago como abogado de derechos civiles.

Si una persona había recibido un trato injusto por parte de un arrendador o un empleador, Barack llevaba el caso a los tribunales.

En 1991, el padre de Michelle falleció.
Fue una gran pérdida para ella. Este hecho
también le hizo pensar en lo corta que es la
vida. Michelle ha dicho: "Si lo que uno hace
no le produce alegría todos los días, entonces, ¿qué sentido tiene hacerlo?".

Michelle dejó la compañía de abogados y
comenzó a trabajar para el alcalde de Chicago.

Más adelante, trabajó en un programa de capacitación de líderes para jóvenes adultos, y después en la administración de los hospitales de la Universidad de Chicago. Su trabajo era ayudar a los médicos y a las clínicas locales a prestarles servicios de salud a pacientes pobres.

En 1998 nació Malia, la primera hija de Barack y Michelle. Shasha (diminutivo de Natasha) nació en 2001. Michelle ha dicho que sus niñas son lo primero en lo que piensa cuando se despierta por las mañanas, y lo último, antes de irse a dormir. Michelle nunca falta a un recital de danza ni a una reunión con las maestras de las niñas. Barack también hace lo posible por asistir cada vez que puede.

Michelle es además una mamá divertida. ¡No muchos saben que Michelle Obama es fabulosa con el hula-hula! Es tan buena, que es capaz de arrodillarse sin dejar de hacer girar el aro.

Michelle piensa que los miembros de una familia necesitan pasar tiempo juntos, tal y como lo hacía su familia cuando ella era niña.

Sin embargo, eso se volvió más difícil de lograr cuando, en 1996, Barack fue elegido senador del estado de Illinois. El senado estatal se reúne en Springfield, a 150 millas de Chicago. Durante ocho años, Barack tuvo que viajar todos los días entre las dos ciudades.

Barack presta juramento como senador de Estados Unidos

Luego, en noviembre de 2004, a los 43 años de edad, Barack ganó las elecciones para senador de EE.UU. por el estado de Illinois. De los 100 senadores de todo el país, Barack era uno de los más jóvenes, y el único afroamericano.

Ser senador significaba tener que trabajar en Washington, D.C. Muchas familias de
senadores se mudan a Washington. Michelle,
sin embargo, no quería que la vida de sus
hijas cambiara tanto. Barack tampoco. Malia
y Sasha eran felices en su escuela; tenían
muchos amigos. Además, vivían cerca de su
abuela, la madre de Michelle. Decidieron
quedarse en Chicago. Barack sólo iba a poder
pasar una parte de la semana con su familia.

Michelle era una madre que trabajaba. Como Barack estaba lejos gran parte del tiempo, era Michelle quien tenía que asegurarse de que la niñas asistieran a sus clases de tenis, practicaran piano e hicieran sus tareas. Era ella quien las acompañaba a la cama y les daba el beso de las buenas noches casi siempre.

Cuando estaba en casa, Barack trataba de ayudar tanto como pudiera. Una vez, se ofreció para ir a comprar los regalos de las bolsas de sorpresas para la fiesta de cumpleaños de una de las niñas. Michelle sabía que Barack no tendría ni idea de lo que había que comprar. Ni siquiera sabía que a las niñas se les daban cosas diferentes que a los niños.

Malia y Shasha adoran a su padre. Él
las lleva a patinar. Les ha leído todos los
libros de Harry Potter. Sin embargo, un
día Malia tuvo que explicar que un papá
normal no les daría la mano a sus amigui-
tos. Eso es lo que hacen los senadores. Un
papá normal simplemente diría "hola" y
los saludaría con la mano, sin estrecharla.

Fuera de su casa, Barack, por supuesto, era una superestrella: un demócrata con un futuro brillante.

En el año 2007 comenzó su campaña para ser presidente. Dio discursos por todo el país. Michelle también.

Michelle atrajo multitudes, quizás porque es tan afectuosa y amable. Sin embargo, su franqueza algunas veces causó problemas. En un discurso, dijo que la campaña de Barack la había hecho sentir orgullosa de Estados Unidos por primera vez en su vida. A mucha gente no le gustó ese comentario. Les sonó como un insulto, a pesar de que Michelle sólo había querido decir que entonces se sentía más orgullosa que nunca.

Sin embargo, Michelle continuó haciendo campaña. Cada vez le dedicaba más tiempo. Tuvo que renunciar a su trabajo. A menudo, su madre tenía que quedarse con las niñas. Pero Michelle tenía una regla: no pasar más de una noche lejos de sus hijas.

El 4 de noviembre de 2008, Barack Obama ganó las elecciones presidenciales. Fue un momento verdaderamente histórico. Sin embargo, tres días después, Barack llevó a sus hijas a la escuela, como cualquier otro padre.

De pronto, los Obama se habían vuelto famosos en todo el mundo. El 20 de enero de 2009, luego de que Barack hubiera tomado posesión como presidente, se convirtieron en la nueva primera familia del país.

Se mudaron a la Casa Blanca, el hogar más famoso de Estados Unidos. Esta casa tiene un teatro privado, pistas para jugar a los bolos, una piscina y un chef que prepara platos especiales para las niñas y sus amigos.

¿Qué fue lo más emocionante para Malia y Sasha, más que cualquier otra cosa? ¡Tener un cachorrito!

Antes de las elecciones, sus padres les habían prometido que, ganaran o perdieran, les iban a regalar un perro.

Como otras primeras damas, Michelle tra-
baja por causas que tienen un significado
especial para ella. Como tuvo que ser madre
y trabajar a la vez, espera poder ayudar a
otras mujeres a lidiar con lo que implica
tener que atender un trabajo y un hogar.

Por encima de todo, sin embargo, quiere que sus hijas sigan teniendo una vida feliz y lo más normal posible. Seguirán haciendo en familia las mismas cosas que siempre han disfrutado juntos: ver películas y jugar *Twister* y *Scrabble*.

Y Michelle seguirá haciendo lo que más le gusta hacer: ¡ser la "primera mamá"!